© 2008 Edition bi:libri, München
Schlieker und Koth Verlag für mehrsprachige
Kinderbücher
www.edition-bilibri.de

Text und Illustration: Marian van Vliet
Layout: Heljä Albersdörfer und Marian van Vliet
Titel der Originalausgabe: Beer Floe gaat naar de kapper,
1999 erschienen bei Phoebe bv, Leuvenheim, NL
Aus dem Niederländischen von Dr. Kerstin Schlieker
Übersetzung ins Englische: Dr. Kristy Clark Koth

Printed in Italy
ISBN 978-3-938735-30-5

Alle Rechte vorbehalten.

Ein deutsch-englisches Kinderbuch
A German-English children's book

Bär Flo geht zum Friseur
Bear Flo Goes to the Hair Dresser

Marian van Vliet

Das ist Bär Flo.
Schau mal, was für lange Haare er hat!
„Morgen gehst du zum Friseur", sagt Mama Bär.

Was macht der Friseur dann?
Dieses Buch erzählt es dir!

This is Bear Flo.
Look how long his hair is!
"Tomorrow you're going
to the hair dresser," says Mama Bear.

What does the hair dresser do?
This book tells you!

Dort geht er.
In seinem Rucksack hat er
eine Geldbörse mit etwas Geld.
Das Auto kommt auch mit.
Da ist der Friseursalon schon.

There he goes.
In his backpack he has
a wallet with some money in it.
The car is coming along, too.
There's the hair dresser's shop already.

Drinnen steht ein toller Stuhl.
Der sieht aus wie ein Auto!
Flo klettert hoch und dreht am Lenkrad.

„Brumm Brumm!"

Inside there's a great chair.
It looks like a car!
Flo climbs up and turns the steering wheel.

"Vroom, vroom!"

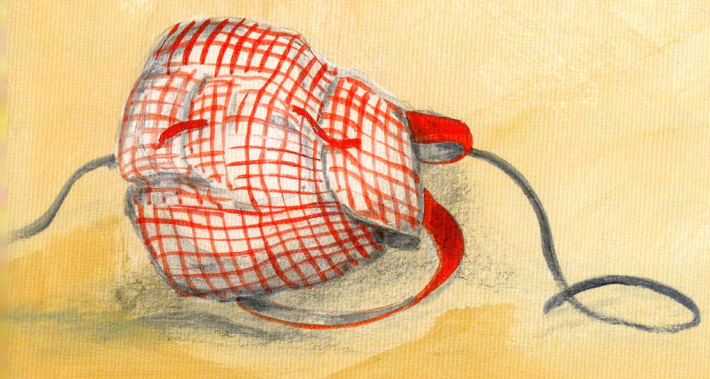

Der Friseur bindet ihm einen
großen blauen Umhang um.
Flos Pfoten, der Stuhl und das Lenkrad
sind nun unter dem Umhang versteckt.

The hair dresser ties a
big blue smock around him.
Flo's paws, the chair and the steering wheel
are all hidden under the smock now.

Erst werden die Haare nassgesprüht.
Pft, pft, pft...
Dann kann man sie besser schneiden.

First, his hair is sprayed wet.
Psht, psht, psht...
That way it's easier to cut.

Flo muss ganz still sitzen.
Seine Haare werden jetzt geschnitten.

„Schnipp, schnapp",

macht die Schere und Flos Haare
fallen auf den Boden.

Flo has to sit really still.
His hair is being cut now.

"Snip, snip,"

goes the scissors and Flo's hair
falls to the ground.

Brrrr... was ist denn das jetzt?

Das ist die Haarschneidemaschine
für die Haare im Nacken.
Hi hi, das kitzelt ein bisschen.

Bzzzzz... what is that?

That's an electric hair clipper
for the hair on his neck.
Ha, ha, that tickles a little.

So, nun ist Flo fertig!
Er schaut in den Spiegel:

Seine Haare sind jetzt ganz kurz.

So, now Flo is done!
He looks in the mirror:

His hair is really short now.

Flo bezahlt mit dem Geld aus seiner Geldbörse.
Er darf sich noch etwas Süßes aussuchen,
weil er so brav stillgesessen hat.

Tschüss, Flo.
Bis zum nächsten Mal!

Flo pays with the money from his wallet.
He gets to pick out a candy,
because he sat so still.

Bye, Flo.
See you next time!

Vokabeln: Vocabulary:

Das Haar / die Haare	hair
Der Friseur	hair dresser
Der Rucksack	backpack
Die Geldbörse	wallet
Der Friseursalon	hair dresser's shop
Der Stuhl	chair
Das Auto	car
Das Lenkrad	steering wheel
Der Umhang	smock
Die Pfoten	paws
Die Schere	scissors
Der Kamm	comb
Die Haarbürste	hair brush
Die Haarschneidemaschine	electric hair clipper
Der Spiegel	mirror
Der Fön	hair dryer

Edition bi:libri

Mehr Sprachen in einem Buch zum Lernen und Vergleichen

Das Thema Mehrsprachigkeit lässt sich aus dem Alltag der frühkindlichen Erziehung nicht mehr ausblenden. Und das aus gutem Grund: Immer mehr Kinder in Deutschland wachsen zweisprachig auf, gehen in internationale Betreuungseinrichtungen oder haben neben der Muttersprache bereits früh Kontakt zu einer weiteren Sprache.

Wichtigstes Ziel für alle Kinder sollte es sein, die Umgebungssprache des Landes, in dem sie leben, gut zu beherrschen, um sich erfolgreich in das soziale Umfeld einzugliedern. Dabei darf die individuelle Muttersprache jedoch keineswegs verdrängt werden.

Bilderbücher, die zwei oder mehr Sprachen nebeneinander enthalten, können schon den Kleinsten die Koexistenz verschiedener Sprachen spielerisch vermitteln.

www.edition-bilibri.de
Tel.: 089 - 123 50 208

Bär Flo geht zum Friseur

ist in folgenden Buch-Ausgaben erhältlich:

Deutsch-Englisch:	ISBN 978-3-938735-30-5
Deutsch-Französisch:	ISBN 978-3-938735-31-2
Deutsch-Griechisch:	ISBN 978-3-938735-32-9
Deutsch-Italienisch:	ISBN 978-3-938735-33-6
Deutsch-Russisch:	ISBN 978-3-938735-34-3
Deutsch-Spanisch:	ISBN 978-3-938735-35-0
Deutsch-Türkisch:	ISBN 978-3-938735-36-7

15,90 Euro [D]

Sibylle Hammer:
Arthur und Anton

(Hardcover, farb. illustriert, 22 x 28 cm, 24 Seiten, mit Hör-CD in sechs Sprachen)
Ab fünf Jahren

Der Rabe Arthur wächst bei einem Rattenpärchen auf und möchte gerne in die Rattenkinderbande aufgenommen werden. Eine Geschichte über Mut, Freundschaft und Anders-Sein.

Deutsch-Englisch	(ISBN 978-3-938735-00-8)
Deutsch-Französisch	(ISBN 978-3-938735-01-5)
Deutsch-Griechisch	(ISBN 978-3-938735-02-2)
Deutsch-Italienisch	(ISBN 978-3-938735-03-9)
Deutsch-Türkisch	(ISBN 978-3-938735-04-6)

13,95 Euro [D]

Dagmar Bangert/
Sibylle Hammer:
Der Kater Karl und der Punktehund

(Hardcover, farb. illustriert, 21 x 21 cm, 28 Seiten, mit Aufklebern)
Ab drei Jahren

Wenn der Kater Karl und der Punktehund allein zu Hause sind, passieren oft die verrücktesten Dinge. Was glaubt Ihr wohl, was es heute sein wird? Ein Tipp: Es hat mit Wasser zu tun...

Deutsch-Englisch	(ISBN 978-3-938735-17-6)
Deutsch-Französisch	(ISBN 978-3-938735-18-3)
Deutsch-Griechisch	(ISBN 978-3-938735-19-0)
Deutsch-Italienisch	(ISBN 978-3-938735-20-6)
Deutsch-Spanisch	(ISBN 978-3-938735-21-3)
Deutsch-Türkisch	(ISBN 978-3-938735-22-0)